釈迦物語

天と地のかけ橋

高橋信次／文　蓬田やすひろ／絵

●もくじ

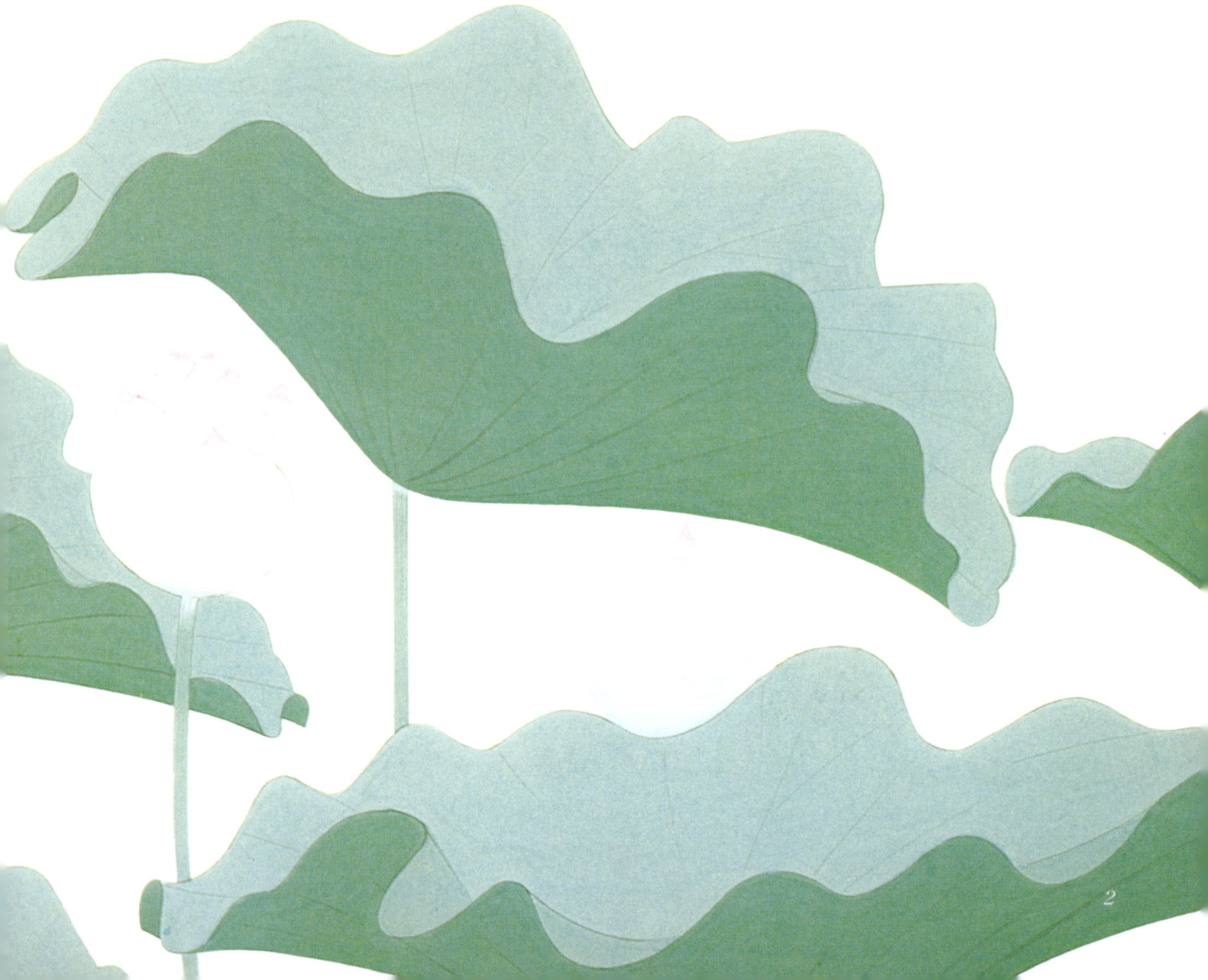

王子誕生《おうじたんじょう》

今からおよそ二千五百有余年《ゆうよねん》まえ、インドの国は、ごうぞくや武士《ぶし》が幅《はば》をきかし、みだれていました。十六ヵ国《こく》からなる大小の国々は、たがいに武力《ぶりょく》をつよめて、隣国《りんこく》に攻《せ》め入《い》ろ

うと、すきをうかがっていました。

ゴーダマ・シッタルダーは、こうしたなかで、コーサラという国の、カピラ城《じょう》の王子として、ルンビニー園《えん》で生まれました。

カピラ城の王様《おうさま》は、シュット・ダーナーという人です。ガンガー河《かわ》をはさんで、南のほうにビンビー・サラーという王がいて、マガダ国《こく》をおさめていました。

カピラ城は、小さな城《しろ》なので、いつも、きんちょうしていました。

ゴーダマ・シッタルダーの、母の名をマヤといいました。母は、シッタルダーを生《う》みおとすと、一週間で、死《し》んでしまいました。

シッタルダーは、さかごなので、マヤ夫人《ふじん》はたいへん苦《くる》しみ、体力《たいりょく》を、消耗《しょうもう》したからでした。

シッタルダーは、マヤ夫人の妹であるマーハー・パジャパティという人に育《そだ》てられました。

あとつぎがほしかったシュット・ダーナー王は、シッタルダーの誕生を、大変喜《たいへんよろこ》び、カピラは毎日、王子誕生の、酒宴《しゅえん》をひらき、祝《いわ》いました。

シッタルダーは、利巧《りこう》でやさしい王子でした。みんなにし

たわれ、すくすくと育っていきました。大きくなるにつれて、世《よ》の中の、いろいろなことに、悩《なや》みをいだくようになりました。

当時《とうじ》のインドは、身分制度《みぶんせいど》がきびしく、サロモン（僧侶《そうりょ》）がいちばん上で、そのつぎがクシャトリヤ（武士《ぶし》）、ヴェシャー（商人《しょうにん》）、シュドラー（奴隷《どれい》）の順《じゅん》にわけられ、身分の上の者《もの》と、下の者とでは、話もできませんでした。

それればかりか、いつも、戦争《せんそう》がたえず、シッタルダーは、ときおり、戦場《せんじょう》にいくと、自分の家来《けらい》と敵《てき》の兵士《へいし》が、槍《やり》と刀《かたな》で、さしちがえて死んでいるのをみて、心を暗《くら》くしてかえるのでした。

シッタルダーは、考えました。人間はなんのために生まれ、どうして年をとるのか、また、病気はなぜおきるのか、なぜ死ぬのだろうと……。

ことに自分を生んでくれた実《じつ》の母マヤは、一週間で他界《たかい》してしまい、顔も様子《ようす》も、ぜんぜん知りません。

六歳《さい》の頃《ころ》、義母《ぎぼ》のマーハー・パジャパティが自分の本当《ほんとう》の母でないことがわかり、人の生命《いのち》の無常《むじょう》さを感《かん》ずるようになっていきました。シッタルダーの心の中には、いつもマヤ夫人がいたのです。

シッタルダーは、城にもどると、地下室《ちかしつ》にとじこもり、「生老病死《しょうろうびょうし》」の原因《げんいん》について、深《ふか》く考えるようになっていきました。

しかし、いくら考えても、疑問《ぎもん》ははれません。

そこで、出家《しゅっけ》してサロモン（僧侶）になれば、この問題《もんだい》が解決《かいけつ》するだろうと、思うようになりました。

解説《かいせつ》・カースト制度《せいど》

カースト制度とは階級制度《かいきゅうせいど》で人々の社会生活をしばっていく制度です。バラモン僧を最高に、クシャトリヤ（武士）、ヴェシャー（商人）、シュドラー（奴隷）の四階級《よんかいきゅう》に分《わ》け、奴隷は農民《のうみん》になることも、武士になることもできません。奴隷の子は一生奴隷ですごさなければならない。わが国の封建社会《ほうけんしゃかい》では、士農工商《しのうこうしょう》という制度《せいど》がありましたが、これよりももっとひどいものです。一国《いっこく》の中に四つの小国、部族《ぶぞく》があって、生活に必要なこと以外《いがい》は話しをすることも禁《きん》じられていたのです。丁度《ちょうど》一民《いちみん》族《ぞく》の中に、四つの人種《じんしゅ》が存在《そんざい》し、カースト制度は人種差別《じんしゅさべつ》のもっともひどい制度であったといえます。さらに、これの一つ一つに細《こま》かい階級が分けられ、下級《かきゅう》バラモンは中級《ちゅうきゅう》、上級《じょうきゅう》バラモンになれない仕組《しく》みです。カースト制度は権力《けんりょく》維持《いじ》の制度だったのです。

出家《しゅっけ》

夜もふけ、星がきれいにまたたいていました。カピラ城は、さかもりがはじまっています。城からぬけだすのは今だと、シッタルダーは思いました。

みじたくをととのえると、シッタルダーは、うまやばんのチュンダカのところにきて、馬をひけとおどし、城をでました。

シッタルダーはチュンダカをつれ、いっさんに馬をとばしました。夜どおしかけて夜あけちかくには、ヴェッサリーのこうがい、アヌプリヤの森というところに、つきました。カピラから百四十キロもはなれた地点《ちてん》です。

森は清水《しみず》が流れ、マンゴやリューガン、リンゴの実《み》が、沢山《たくさん》なっていました。

シッタルダーは、チュンダカと愛馬《あいば》のタンクワをカピラに帰すと、きりかぶにすわり、これからの生活を考えるのでした。

シッタルダーが、そっと、空をみあげると、きらきら輝《かがや》く星ぼしが、光いっしょくになり、シッタルダーの体を、あたたかく包《つつ》んでくれました。両足《りょうあし》で、大地を踏《ふ》んでみると、まるで、自分のよこばらが、軽《かる》く、押《お》されるような、気分《きぶん》になりました。

シッタルダーと天地は、一つにとけあい、おおくの神々が、祝福《しゅくふく》してくれているようでした。

チュンダカがカピラにもどりました。彼がもどると、カピラ城は、大変《たいへん》なさわぎになりました。まさかと思っていたことが、ほんとうになったので、父のシュット・ダーナーのなげきは、たいへんなものでした。

しかし、それいじょうに悲《かな》しんだのは、シッタルダーのつま、ヤショダラです。二人の

解説・生老病死《しょうろうびょうし》

ゴーダマ・シッタルダーの出家の最大《さいだい》の理由はこの生老病死です。人は何のために生まれ、なぜ老《お》いていくか、なぜ病気をし、死んでいくのかということです。普通《ふつう》、生まれること死ぬことは、偶然《ぐうぜん》のようにみられ、運命《うんめい》とも考えられていますが、生死《せいし》にはすべて目的があり、理由があるわけなのです。生命《せいめい》の誕生《たんじょう》はすべて縁《えん》によって生《しょう》じ、人生の目的は人びととの心の輪をひろげて行くこと、死は人間修《しゅ》行《ぎょう》の卒業式《しき》です。人間の心、魂《たましい》は肉体の生死によって滅《ほろ》びるものではなく、あの世実《じつ》在界《ざいかい》で生活します。死は少しも恐《おそ》しくありません。しかし通常《つうじょう》は死を恐《おそ》れて生活し生《い》きる（肉体維持《いじ》）ことにすべてをついやすのが肉体人間です。病気は自分本位《じぶんほんい》の生活が原因です。老いるのは生々流転《せいせいるてん》のさだめです。釈迦《しゃか》はこうした仕組《しくみ》を悟《さと》った（知った）わけです。

あいだにできた、ラフラまで城においていて、去《さ》ったのですから、その悲しみは、そうぞういじょうでした。

父のシュット・ダーナーは、シッタルダーをカピラにひきもどすため、そうさくを命じました。

そうさくたいのなかには、のちにシッタルダーの最初《さいしょ》の弟子《でし》となった、五人のアラハンの一団《だん》がありました。コースタニヤ、アサジ、

ヴァッティーヤー、マーハー・ナーマン、ウッパカの五人です。

カピラ城をでたその翌日《よくじつ》から、シッタルダーは心の師《し》を求《もと》めて、歩きました。

さいしょに会《あ》ったのは、ヴァックバーという仙人《せんにん》です。ふたことみこと、話をしましたが、なっとくがいきません。そればかりか、ここの修行《しゅぎょう》は、火に体を焼《や》いたり、バラのトゲをいちめんにしいて、その

上を歩いたり、体を、横にしたりして、やけどや、いたさをこらえることでした。血《ち》だらけになったり、顔中はれあがって苦しんでいる者が沢山いました。

荒行《あらぎょう》と心の平和、この二つの問題は、いくら考えても一つに、とけあいません。

シッタルダーは、このほかに何人かの、師匠《ししょう》を訪《たず》ねましたが、なにも、えられませんでした。

出家して一週間目、シッタルダーは、きりかぶに、腰《こし》をおろして考えました。

〈出家は、まちがいではなかったか……〉

カピラにいれば、やがては王様になり、優雅《ゆうが》に、暮《くら》せる。しかし、仏法《ぶっぽう》は、それでは悟《さと》れぬ。

天地を友とし、苦難《くなん》にたえてこそ、得《う》るものも大きい。

シッタルダーは、こかげに静座《せいざ》し、これからの修

行について瞑想《めいそう》していると、急に、人のけはいを感じました。

シュット・ダーナー王の命令《めいれい》で、シッタルダーを探《さが》しに、はるばるやってきたコースタニヤをはじめ、五人の人たちでした。

「シッタルダー様、気をとり直して、城にお帰りください。王様やパジャパティ様のおなげきを癒《いや》してください」

「王の命令で、あなた様にご帰還《きかん》いただくべく、各地に捜索隊《そうさくたい》が出されました。さいわい私達はあなた様にお会いでき、幸わせです。是非《ぜひ》、王のお気持をくまれ、カピラにお帰りください」

彼等《かれら》は口を揃《そろ》え、カピラに帰るよう、説得《せっとく》しました。

しかし、シッタルダーは頑《がん》として、ききません。一度決心したら、あとにひかぬのがシッタルダーの性格《せいかく》でした。

また、やさしい心の持主《もちぬし》でしたから、五人がシッタルダーについてきたいと、いいだすと、強い言葉で、

「ならぬ――」と、おこりました。

これからさきのことはシッタルダーでさえ、わからぬのに、彼等を道づれにしたくない、と思ったからです。しかし、コースタニヤら五人の家来《けらい》は、シッタルダーの、身の安全守護《あんぜんしゅご》のため、出家してしまいました。この五人は、
六年後、ブッタの最初《さいしょ》の弟子となります。

孔雀騒動《くじゃくそうどう》

シッタルダーは、のちに仏陀《ぶっだ》といわれ、仏法《ぶっぽう》を伝《つた》えていきますが、シッタルダーの性質《せいしつ》をよくあらわしている事件《じけん》を、紹介《しょうかい》しておきましょう。

あるとき、きれいな一羽《わ》の、孔雀《くじゃく》がカピラに舞《ま》い込《こ》んできました。王はその孔雀を檻《おり》に入れ、可愛《かわい》がっていました。

ある日、その孔雀は、ちょっとのスキに、逃《に》げ出《だ》してしまいました。王は大変《たいへん》おこり、下女《げじょ》をゆうへいするとまでいいました。

これを聞いたシッタルダーは、

「孔雀は逃げたのではない。逃がしたのだ。ゆうへいするなら、わたしをしてください」

と、王に、いいました。

王は、肩をふるわし、たとえ、わが子であっても、わしの命令に背《そ》むくものは、ようしゃしないと、いいました。

これをきいた義母のマーハー・パジャパティが、王をなだめ、シッタルダーに孔雀をにがしたわけをききだしました。

するとシッタルダーは、いいました。

「孔雀といえども生《い》きものです。しかも、迷《まよ》い込《こ》んできたもの。森には、兄弟や、親《おや》どりが待っているでしょう。かわれているものなら、飼主《かいぬし》のところに、かえるでしょう。とらえた時から、お父さまが、いつ放《はな》してやるかと思っていましたが、はなしてやる様子《ようす》がみえません。そこでわたくしが下女に命じて、にがしました。お父さまに、おことわりしなかったことはおわびします。が、あんなに、大事《だいじ》にしておられたので、つい、いいそびれました。」

孔雀騒動は、シッタルダーの慈悲《じひ》の心が、王の心を動かし、下女はゆうへいされることなく、自由な身となりました。

なお、孔雀が日本にきたのは、五世紀の後半頃《こうはんごろ》です。

アララ・カラマーの修行《しゅぎょう》

さて、シッタルダーは、托鉢《たくはつ》をしながら、各地《かくち》の修行所をみてまわりました。そうして、おおくの修行者にあいました。

そのなかで、アララ・カラマー仙《せん》という人のところで、三月《みつき》ほど、とどまりました。この人は物静《ものしず》かで、知識《ちしき》も豊《ゆた》でした。彼は

「人の苦しみは、我《が》が、もとである」

といっていました。我《が》をすてるには、禅定《ぜんじょう》して、

なにも考えるな、というのです。

ここでの日課《にっか》は、瞑想と、荒行《あらぎょう》でした。

一月《ひとつき》、二月《ふたつき》、たつうちに、シッタルダーは、ぎもんにぶつかりました。

人間は、ものを考えるようにできています。なにも考えるな、ということは、人間を捨《す》てることと同じです。

また、心にうかぶ考えや、思うことをなくそうとすると、こんどは、それに心をとらわれてしまいます。これでは心を、ほんとうに知ることはできません。

また、肉体をいじめる荒行も、人間のほんとうの、すがたを、知る道しるべにはなりません。

人間は、生まれながらにして、眼があり、鼻があり、口があり、耳があり、手があります。なんのために、こうしたものが、あたえられているのでしょう。荒行は、こうした、目を、口を、ふさごうとしていることです。

人間は生きるために、生まれてきました。死ぬために生まれてきたものなら、生まれる必要はありません。生まれてきたからには、そこに、生まれてくる理由《りゆう》や目的《もくてき》があるはずです。

ところが、アララ・カラマーはそれに触《ふ》れようとしません。思うことをやめ、肉体五官《にくたいごかん》の一切《いっさい》の欲望《よくぼう》を絶《た》て、というのです。

解説・禅定《ぜんじょう》

禅定というと禅宗《ぜんしゅう》の瞑想《めいそう》が考えられますが、釈迦の禅定はそうではなかったのです。禅定の第一の目的は自分の心を整《ととの》え、神の意にふれることです。ですからまず、毎日の生活について反省《はんせい》すること。反省し誤《あやま》りがあったら二度と繰《く》りかえさぬことが反省の目的です。反省すると大抵《たいてい》は心の中で人を中傷《ちゅうしょう》したり、仕事に追われ子供のいうことをきいてやらなかったり、いろいろあります。口や態度《たいど》に出さなくても心の中で思うことが自分をけなしたり、人を呪《のろ》ったり、怒《おこ》ったり、グチることは神の意に反します。反省はこうした自分の心の動きを追《つい》求《きゅう》し、あらためることです。なぜあらためるかといいますと自分を不幸にするモトは、すべて心の中で創《つく》られるからです。禅定はまず反省から出発し、やがて偉大《いだい》な悟りに導《みちび》くものです。

アララ・カラマー仙のおしえは、生きることより、生きながら死ねということになります。シッタルダーは、死ぬための修行はおかしいと思いました。シッタルダーは、師匠《ししょう》がとめるのもきかず、三《み》月目《つきめ》に、ここを去《さ》っていきました。

貧《まず》しい女の布施《ふせ》

山のなかの生活は、カピラとちがい、難行《なんぎょう》、苦行《くぎょう》でした。食べることも、身のまわりも、すべて一人でしなければならないからです。

ある日、食物を求めて、町に、托鉢にいきました。

ついそまつな家の、軒先《のきさき》に立つと、家のなかには病人が寝ており、子供が五人、母親からわずかなかゆをもらっていました。

シッタルダーは、すぐ立ち去ろうとしました。すると母親らしいその人がでてきて、自分のかゆを食べてほしいと、差《さ》し出しました。

女の髪《かみ》は、ほこりをかぶり、あかちゃけています。陽焼《ひやけ》した顔からは、貧しい暮《く》らしが、にじみでていました。

シッタルダーは

「ありがとうございます。あなたのお心だけで、じゅうぶんです」と、感謝しました。

だが、その人は、一口でもいいから、食べてほしいと、願いました。

貧しい女の、心からの供養《くよう》の布施にシッタルダーは、感謝しながら一口《ひとくち》、二口《ふたくち》、口にしました。

こわばっていた女の顔に、光がさし、微笑《びしょう》がうかびました。

シッタルダーも、笑顔《えがお》でこたえました。

シッタルダーは、ふかぶかと一礼《いちれい》し、その日はまっすぐ、山にもどりました。もどってから、考えました。

あの貧しい女の人は、ほんの少《すこ》ししかない、かゆを布施してくれた。生活は貧しくとも、人の心に貴賤《きせん》はない。自分の食べものをさいてまで布施してくれたその好意《こうい》に、あらたな勇気がわいてきて、人々の悲しみ、苦しみを、なんとしてでも、取《と》り除《のぞ》かねばと、堅《かた》い決《けっ》意《い》に、燃《も》えるのでした。

シッタルダーの住《す》まいは、ヴァンダバ・ダナというところの、天然《てんねん》の小さなほら穴《あな》です。

カピラから大変はなれていました。托鉢は、ここから毎日ラジャ・グリハの町にゆきます。このへんいったいは、マガダ国の領地《りょうち》で、ビンビ・サラーという人が、支配《しはい》していました。

ある日、国王はシッタルダーを城に招《まね》きました。

「あなたのような身分《みぶん》の貴《とうと》い方《かた》が、なぜ出家されたか、ぜひ、私の城にきてほしい。望《のぞ》むものは、何《なん》でも用立《ようだ》てよう」

「わたくしは、いっさいの欲望《よくぼう》を捨てました。ご親切《しんせつ》はありがたいがブッタ（仏陀）になるまでは、いまのままの修行をしてまいります」

ビンビ・サラー王は、シッタルダーのかたい決心《けっしん》に、この人は、きっと最高《さいこう》の悟りをつかむだろう、と思いました。

「ガヤ・ダナに、ウルヴェラ・カシャパーという聖者《せいじゃ》がいます。紹介《しょうかい》してもいいですが」

「ご縁《えん》があれば、おあいできるでしょう」

ビンビ・サラーの厚意《こうい》に、心から感謝しながらも、シッタルダーは、独立独歩《どくりつどっぽ》、自分をみつめる修行にはげんでいきます。

ウルヴェラ・カシャパーは、後《のち》にシッタルダーの弟子になります。そして、おおぜいの弟子たちもシッタルダーに、帰依してしまいます。

シッタルダーの生活は、くる日も、くる日も、禅定と托鉢の毎日です。禅定はおもに夜やります。食べものは森の果物《くだもの》と、托鉢で布施された野菜《やさい》と、わずかなお米です。

カピラをでるまでは、まるまるとふとっていたシッタルダーでしたが、数カ月たつと、骨《ほね》と皮《かわ》ばかりになってしまいました。

シッタルダーは、大の字になって、夜空をながめていました。あせりと、きんちょうをほぐすためです。雲一つない夜空は、砂金《さきん》をちりばめたように、星があかるく、またたいていました。大きく、小さく、きらきらと、まるで生きもののように、シッタルダーをみおろしていました。

しばらくすると夜空の星ぼしが、一つの光のかたまりとなって、シッタルダーの体と心を、つつんでくれました。シッタルダーは、その光のドームをつたわって、ものすごいスピードで、光の夜空に、舞《ま》い上《あ》がっていきました。どこまでも、果《はて》しなく飛《と》んでいきました。

シッタルダーは、天空《てんくう》に舞い上がっている自分をみて、素晴《すば》らしいなあ、と思いました。

しかし、シッタルダーは、ハッと、われにかえりました。するとどうでしょう。今のいままで、光のなかにいた自分自身が、もとの大の字に寝ている自分にかえっているのでした。

不思議《ふしぎ》なことが、あるものだと、思いました。

夜空に明滅《めいめつ》する星も、地上の大地も、

ともに、生きもののように、思えてくるのでした。

五人のクシャトリヤ（武士）の出家を、シッタルダーは許《ゆる》しませんでしたが、

いまではそれを許し、生活をともにしていました。

カピラとちがい、山中《さんちゅう》の生活は、ぜいたくはできませんが、

戦争で死ぬこともなく、人と争そうこともないので、

心はやすらかでした。

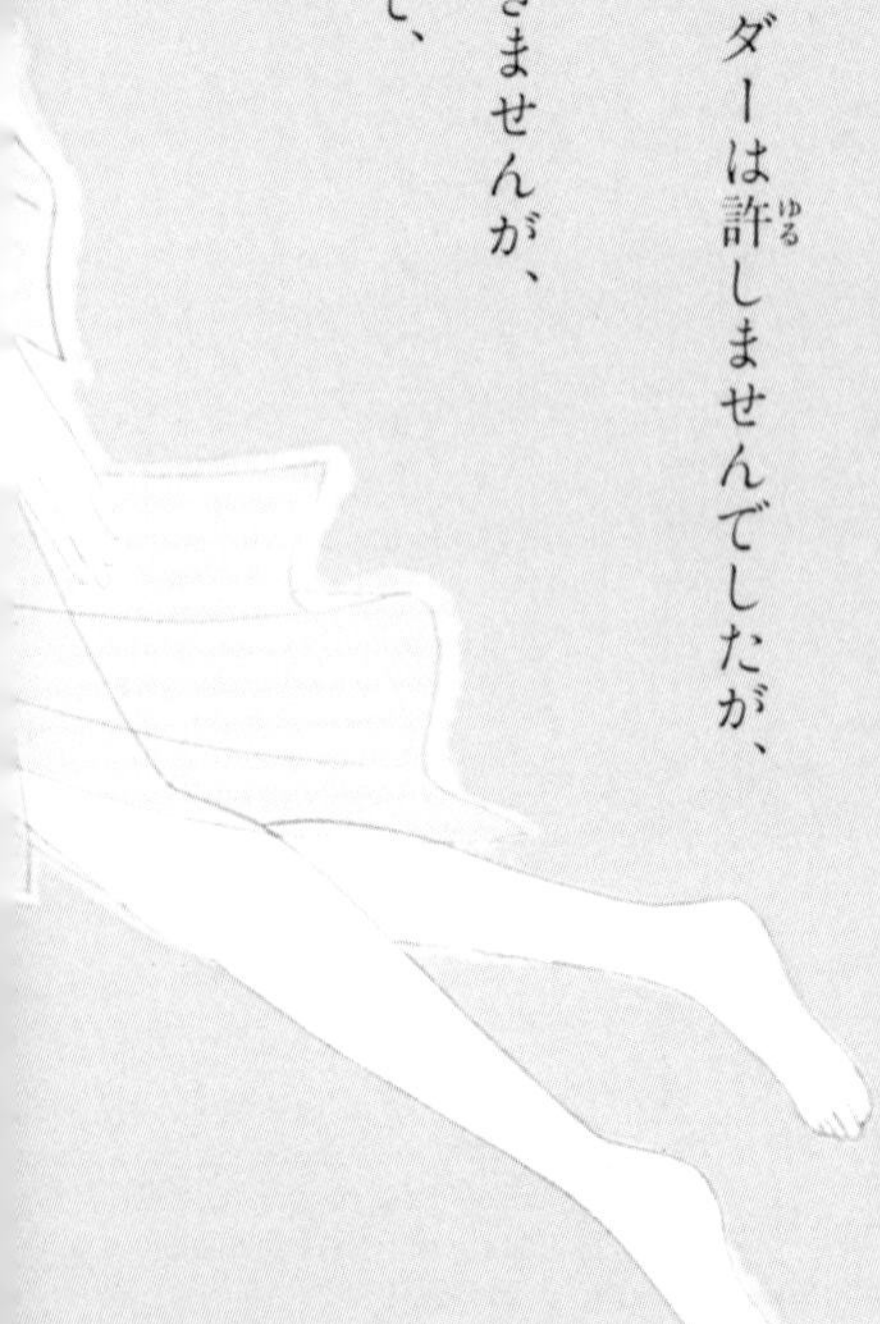

五人は、若く、
しかも、
シャキャ・プトラー
(釈迦族《しゃかぞく》)でしたので、
たがいにはげまし、
たすけあいました。

マーハー・ナーマンは、よく蜂蜜《はちみつ》をとってきて、シッタルダーにあたえました。

蜂蜜は、貴重《きちょう》な、栄養食《えいようしょく》です。
今日《こんにち》ではどこにでもありますが、当時《とうじ》は、なかなか手にはいりません。

蜂蜜をとるには、これを食《た》べる小鳥《ことり》の足に、赤い布をまきつけ、放《はな》ち、蜂の巣のありかを、みつけてとるのです。

シッタルダーや、五人の食物は、動物や、生《なま》ものは一切口《いっさいくち》にしません。生ものをたべると、悟れないといわれていましたから。

蜂蜜は、そのため、大変貴重《きちょう》であり、みんなの、唯一《ゆいいつ》の活動源《かつどうげん》になってくれたのです。

梵天《ぼんてん》をみる

月日の経《た》つのは、はやいものです。
カピラ城を出て、もう四年がすぎました。
当時は、今のように、
こよみというものはありません。
太陽の位置と、樹木《じゅもく》の影《かげ》を見て、
春、夏、秋、冬の四季を、見さだめました。
夜は星の位置で、それをたしかめます。

毎日、雨ばかりの、雨季がやってきました。
シッタルダーは、心をしずめ、瞑想《めいそう》にひたっていました。
洞穴《どうけつ》のなかは、うすぐらく、
じめじめして気分がよくありません。

しかしシッタルダーの心はおちつき、
青空のように明るく、晴れていました。

瞑想が深くなるにつれて、きゅうに、目の前が、
黄色《こんじき》に輝き、黄色の光が、人のすがたにかわって
いきました。シッタルダーは、おもわず
「梵天だ、梵天があらわれた」
と、心のなかで、叫びました。

ところが、そう思ったしゅんかん、黄色も、人の姿も、消えてしまいました。

どんなことにも、心がゆれると、あの世の天使たちは、ほんとうのことを、教えてくれません。

心は、いつもへいせいで、みだれず、正しく毎日をすごしていると、天使はその人を守り、姿も、みせてくれます。

シッタルダーの心は、まだほんものではありませんでした。

瞑想をやめ、そとをながめると、雨がいきおいよく降《ふ》りつづいています。

もう何日も降りつづいているので、山にいって、果物をとることも、托鉢もできません。

おなかがぐうぐういっています。

となりにいたマーハー・ナーマンがいいました。

「シッタルダーさま、死ぬことが悟りなら、生まれてくることは、まちがいではないでしょうか」

「そのとおりだ。肉体を、こんなにいじめては、いけないだろう。生まれてくるには、くるだけの目的《もくてき》があろう」

しかし、シッタルダーにも、それ以上の、解答《かいとう》を与えることはできませんでした。

「まず、そのナゾを、とこう」

と、一人つぶやき、また瞑想にはいっていきました。

修行中の洞穴に、たびたび、カピラから使《つか》いがきました。

雨がながびくと、シッタルダーや五人の食糧《しょくりょう》がすくなくなり、ひもじい、おもいをしているだろうと、父のシュット・ダーナー王は、チュンダカを使いにだし、おくりものを、とどけてくれるのです。

衣類《いるい》、食糧、薬《くすり》などを、運《はこ》んできますが、シッタルダーはそのたびに、なにもいらないといって、帰してしまいます。

王や、妻のヤショダラの気持はありがたいが、悟るまでは、そうした援助《えんじょ》をうけては、悟りが遠のくと考えていたからです。

そして、悟るまでは、死んでもカピラの土をふまぬ決心でした。

雨季がおわりをつげたある日、シッタルダーは、こう思いました。

「五人のクシャトリヤと、共同生活をしていると、みんなは、自分を大事《だいじ》にしてくれる。これでは、いつになっても悟れない。悟りは一人で開くもの。いっときみんなと、別《わか》れよう」

決心がきまると、みんなと別れ、ガヤ・ダナに向かいました。

そして、フイフイ教の修行者ワイヤリス・スタディーという、老いたサロモン（僧侶）に会いました。

この人も、肉体を、いじめていました。肉体煩悩《ぼんのう》を滅却《めっきゃく》すれば、悟れるというのです。

心の問題について、話し合いましたが、解答は、ぜんぜん、得られませんでした。

シッタルダーは失望《しつぼう》し、ふたたびウルヴェラの洞穴にもどり、五人たちと、また、もとの生活にもどるのでした。

しかし、もどったシッタルダーは、めいめいに、

「悟りは、みずから、開くもの。おまえたちは、わたしに気をつかわず、みずからの心を、ひらけ」

といって、みんなと別々《べつべつ》の、
生活をするようになりました。
　五年目の雨季が、またやってきました。
シッタルダーが禅定していると、
目の前が黄色に輝き、
その光のなかから、あざやかな緑の田園《でんえん》が、
展開《てんかい》してきました。
　いままで見てきたどの風景《ふうけい》よりも、美しい。
いきいきとした緑の牧草《ぼくそう》は、
どれもこれも、いきいきと息《いき》ずき、
まるで、いきもののようにシッタルダーに、

問《と》いかけてくるのです。

シッタルダーは、思わず、

「うつくしい……」

と、いいました。

目をあけても、閉じても、

緑の景色は消えません。

シッタルダーは、感動にふるえ、

涙が頬を伝《つた》わって、流れおちました。

シッタルダーの心は、ようやく、安定してきました。

下界《げかい》の動きに、

心を動かすことがなくなってきたのでした。

それから、
四日たちました。
洞穴のそとで、
コースタニヤら五人が、

バラモン修行者と、
口論《こうろん》しています。
そのうち、
バラモンの修行者は五人をなじり、
あざわらいました。
シッタルダーは、むらむらと、
斗争心《とうそうしん》が、湧《わ》いてきました。
かれは、立ちあがり、修行者にいいました。
「バラモンが神の使いとは、だれがきめた。神がきめたか、バラモンがつくったのか」
「ヴェーダやウパニシャード（バラモンの聖典《せいてん》）には、バラモンは、クシャトリヤ（武士）ヴェシャー（商人）シュドラー（奴隷）を、支配していると書いてある。クシャトリヤはクシャトリヤだ。おまえたちに神のつかいはできないのだ」
「では聞くが、太陽の光は、バラモンのみに与えられているか。太陽は、すべてのものに、平等に光を与えているのは、どういうわけだ」
バラモンの修行者は、返事にこまり、黙って、去っていってしまいました。
シッタルダーは、バラモンをいいまかしました。
が、心はたかぶり、感情を激しくゆり動かしてしまいました。
せっかく、平安の心をつくり、安定していたものが、
バラモンの行者《ぎょうじゃ》と口論し、
すっかり、その心を崩《くず》してしまいました。

中道《ちゅうどう》のこころ

城をでて、はや六年がすぎてしまいました。心の安らぎは、すこしも得られません。かわったのは、骨と皮になった、体だけでした。ゆるやかに流れるネランジャラの川は、すいじゃくしたシッタルダーの体を、清め、すすいでくれました。

腰までつかり、水面をのぞくと、そこにうつった自分の顔は、他人でした。しわはふえ、ひげは伸び、六年まえのつやつやした顔とは、似ても似つかぬ自分でした。

小鳥たちが、シッタルダーの頭の上を、飛んでいきました。元気にとびまわる小鳥たちをながめ、シッタルダーは、自分もああして自由に、空を駈《か》けめぐってみたいと、うらやましく思いました。

シッタルダーは、川からあがり、腰をおろして休んでいると、女の歌声が、風にのって聞こえてきました。

歌声は、天国の音楽のように、ひびいてきます。シッタルダーは耳をすませ、その歌声にききほれました。

げんのねは　つよく　しめれば　いとはきれ
げんのねは　よわくては　ねいろがわるい
げんのねは　なかほどに　しめて　ねいろがよい
ちょうし　あわせて　おどろよ　おどれ
みんな　わになれ　おどろよ　おどれ

シッタルダーは、ハッとしました。

あさもやをついて流れてくる若く、すんだ、女の美しい声が、シッタルダーの心をゆり動かしたのです。彼は、全身耳にして、その歌声にききほれました。

そして心のなかで、

「げんのねは　なかほどに　しめて　ねいろがよい」

という歌を、くりかえし、くりかえし、心のなかで、つぶやきました。

「わかった。ああ、やっと、わかった」

シッタルダーの悩《なや》みは、ついに、はれました。

六年の修行の、ナゾが、この歌の文句《もんく》で、解《と》けたのです。

太陽は、東の山を赤く染《そ》めながら、ゆっくりと、のぼっていきました。

うたの主《ぬし》は、牛の乳をしぼっていました。

シッタルダーはそっと近づき、礼をいいました。

「よい歌をきかせてくれてありがとう。あなたの名前をきかせてください」

「わたしは、チュダリヤ・チュダータともうします」

チュダータは十七歳。かわいい、天女《てんにょ》のような人でした。

とりたての牛乳を、鉢《はち》のなかにいっぱい、いれてくれました。

シッタルダーは、礼をいい、立ち去ろうとすると、

「修行者さまは、偉大なかたです。どうぞ、おゆるしください。まるで、梵天さまのようです」

と、口をふるわせ、彼女はひざまずくと、合掌《がっしょう》するのでした。

　シッタルダーは、チュダータの手をとり、

「わたしはカピラ城の王子、シッタルダーという者です。

さあ、おそれることはない、たちなさい」

といって、チュダータを、いたわってやりました。

シッタルダーは、五人の修行者のところにもどり、チュダータからもらった牛乳を、いっきに、のみほしました。

うまさは、かくべつでした。

かわいた砂地《すなじ》に、水がどんどんすいこまれるように、体全体に、栄養がまわってゆくようでした。

これをみたコースタニヤは、ことばも荒く、こういいました。

「あなたは、修行を、やめたのですか。修行者は、生臭《なまぐさ》いものを、口にしては、いけないはずです」

「わたしは、骨と、皮になった体を、つくりなおそうと、決心したのです」

五人はシッタルダーを、にらみつけました。

「あなたとは、今日かぎり、おわかれしたい。あなたの弟子として、あなたをおまもりしてきたが、

もう王子でも、弟子でもない」

苦楽《くらく》をともにしてきた五人は、シッタルダーの心も知らず、ネランジャラ川の、岸辺《きしべ》にそって、立ち去ってしまいました。

シッタルダーは、五人のうしろ姿をみまもっていました。

ひと口の牛乳が、六年の苦楽のきずなを、むざんにひきさくとは、思ってもいませんでした。

修行は、もともと、一人でするもの。

悟りは自分が、悟るものでした。

こころの明暗

ウルヴェラの森に帰ったシッタルダーは、悟るまでは、ここから一歩も動くまいと、決心しました。

ピパラの大木《たいぼく》は、数百年はたっていました。

大木を背《せ》にして、瞑想すれば、うしろから、野獣《やじゅう》におそわれる心配がありません。

トラやハイエナから身をまもるには、夜は、たきびをたやしません。

そうして、太陽の、のぼる方向に静座《せいざ》して、チュダータが歌っていた民謡《みんよう》を、思い出しながら、しずかに瞑想するのでした。

五人といっしょの時は、悟るまで死ねぬと考えていましたが、もうそんな気持もおこりません。

いっさいの執着《しゅうちゃく》（いろいろなことに、こだわる心）から離《はな》れ、心はのびのびと、自由になっていきました。

瞑想が深くなると、目の前が黄色にかわってきます。

燃えているたきびの火のあかりと、黄色とが、目をあけていても、そのちがいが、はっきりとわかりました。

しばらく瞑想していると、女の声が聞こえてきました。

「シッタルダーさま、わたくしでございます」

シッタルダーは、目をみひらき、前方をよくみると、くらやみに、妻のヤショダラが、微笑《びしょう》をうかべてたっています。

ヤショダラのほかに、ゴーパや踊子《おどりこ》たちもいます。

みんなシッタルダーを招きよせています。

そのあやしげな動きに、シッタルダーは

「悪魔《あくま》だ——」

と、思いました。

思った瞬間《しゅんかん》、女たちの姿は、消えてしまいました。

シッタルダーの体は、梵天の光におおわれ、悪魔たちは、おいはらわれていたのでした。

悪魔は人間の体に、はいりこむ回虫《かいちゅう》のようなものです。回虫が体にはいると、食べた栄養は、みんなすいとられ、人間は衰弱《すいじゃく》して、死んでしまいます。

これとおなじように、心を悪魔に売ってしまうと、人の不幸や、悲しみをよろこび、平和や、人をおもいやる心が失われていきます。

シッタルダーのみた悪魔は、シッタルダーの心の底に、まだ、巣をつくっていた、悪魔だったのです。

一人になって、二日目の夜をむかえたシッタルダーは、三十年あまりの、すぎさった、年月《としつき》をふりかえり、しずかに反省するのでした。

反省し、瞑想すると、美しい太陽の、ひざしをあびた自然の景色が、目の前にひろがってきます。ひろびろとした大地は、新緑の芝生《しばふ》にうずまり、みどりの葉がシッタルダーに語りかけてくるようです。

鳥のさえずりがきこえ、平和に満ちた丘は、どこまでも明るく、のびのびとしています。

目をあけると、外界《げかい》は、くらやみです。

また目をとじると、緑の丘に、自分が立っています。

シッタルダーは、瞑想のあかるさと目をみひらいたくらやみに、ハッと思いました。

瞑想のなかのあかるさは、どこまでもつづき、安らぎのある世界です。

目をあけると、一寸《いっすん》さきもわからぬ暗闇《くらやみ》の、迷いの、せかい……。

人の心は、この二つをあわせもって生きています。

人間が自分だけの欲望《よくぼう》にふりまわされるのは、瞑想のなかにあらわれた美しい実在《じつざい》の世界を、知《し》らないからだと、気付《きづ》きました。

シッタルダーは、人間の苦しみ、悩みについて、さらに考えました。

母親のそばで遊ぶ子供たちは、苦しみも、悲しみもありません。

大きくなるにつれ、いろいろな人々と交《まじ》わり、さまざまな、教育をうけることによって、次第《しだい》に欲望がめばえ、自己保存（自分だけ楽をしたい……　自分だけ、うまいものを、

解説・バラモン教

バラモンの聖典《せいてん》はヴェーダ、ウパニシャードが中心となっています。聖典が出来たのは今からおよそ四千年ほど前であり、エジプトのファラオであったクレオ・パローターという人が伝えたものです。最初は正道を通した正しい生活が基本《きほん》でありましたが、次第に学問形式《がくもんけいしき》になり、丁度《ちょうど》、今日の仏教《ぶっきょう》のようになっていったわけです。バラモンの家庭は、六・七歳になると約十二年間、師の家庭に入って、ヴェーダや祭事《さいじ》について学びます。そうして家庭に戻り祖先の霊《れい》をまつり、社会的宗教的《しゃかいてきしゅうきょうてき》義務《ぎむ》を果していきます。やがて、ある一定《いってい》の年令がくると子供に家事を托《たく》し、森林生活《しんりんせいかつ》に入り最後の修行生活にはいります。これをサロモンといいます。サロモンより若い僧をサマナーといっています。出家の風習《ふうしゅう》はバラモンの階層から始まり、幼年、青年、壮年、老年の四段階《よんだんかい》に分かれ彼等の生活を形造《かたちづく》っていました。

食べたい…　自分だけ、美しいものを、着たい…　自分だけ、お金もうけして、一人占めしたい…　自分だけ、偉《えら》い人といわれたい…　このように、ほかの人に、おもいやりのない心）の心がつくられていきます。

世の中の、乱《みだ》れるもとは、ほんとうの人間を知らないで、自分に、つごうがよいことのみに、心が動かされてしまうからなのです。

自己保存は、自分の肉体をかばいすぎる心からおこるさまざまな、欲望が原因です。

おさなごのような、心をもつことが、中道の生活なのだと、シッタルダーは思いました。

「げんのねは、なかほどに、しめれば、ねいろがよい」左右に片寄らない真中の道……。

つまり中道の、もののみかた、考え方こそが、シッタルダーが求めた、人間の正しい、生きかたでありました。

正道《しょうどう》と反省《はんせい》

シッタルダーは、八正道を心の物差《ものさ》しに、三十六年間の、生活を反省するのでした。

反省していくと、いろいろなことが浮んできました。

シッタルダーが生まれると、母親のマヤは、一週間で亡《な》くなり、義母《ぎぼ》の、マーハー・パジャパティに育てられました。

六歳のとき、そのことがわかり、それからというものは、人間の生と死について、考えるようになりました。

しかし、周囲の人たちは、シッタルダーにほんとうの母親が、いないことから、よけいに大事にし、それがかえって、シッタルダーの反抗心《はんこうしん》を、つのらせました。

わがままな心が広がり、カピラの人たちを、こまらせたこともありました。

反省していくと、一人よがりのわるいことだらけでした。

カピラには、妻のヤショダラ、子供のラフラがいます。

二人をおいて出家したのですから、八正道の正進《しょうじん》に、反しています。

反省すると、心が痛みました。しかし、心をひらき、二人を正道《しょうどう》に迎《むか》えることができれば、いまの苦しみは、光明《こうみょう》へつなぐことができようと、考えました。

シッタルダーは、このように答えを出すと、おろかであった自分を、神様に、詫《わ》び、あやまちをくりかえすまいと、決心するのでした。

反省の禅定に入《はい》って、五日目です。ピパラの葉が、風にあおられ、異様《いよう》な、臭気《しゅうき》が鼻をついてきます。

よくみると、梵天が立っており、こちらをみています。

「カピラの王子、ゴーダマよ、お前は城に帰りなさい。慈悲心《じひしん》で、人を救おうとしても、救うことはできない。お前の生命は、この世かぎりだ。お前が修行をやめれば、地上の幸せを、みんなお前にくれてやる」

「あなたは、どなたさまで――」

「わしは、梵天だ」

「あなたは、生命はこの世かぎりともうされたが……」

「そのとおりだ。人は楽しく、暮《く》らすものだ」

「では、あなたは、どこから来ましたか」

「……」

「おまえは、だれだ。本性《ほんしょう》を、あらわしなさい」

梵天に化《ば》けた魔王は、シッタルダーの鋭《するど》い言葉に、だまってしまいました。

「魔王よ、わたくしは、王のくらいなど、いらない。いっさいの執着《しゅうちゃく》からはなれたのだ。おまえも神の子であろう。いままでのあやまちを改め、心から神に詫びなさい」

「うるさい。おれは、魔王だ。ここからとっとと、でてゆけ」

しゅういを見ると、魔王の家来《けらい》たちが、シッタルダーをかこみ、すごいぎょうそうで近よってきます。

シッタルダーは、調和の神の光を与えました。すると、かれらは、かなしばりにあったように、動けなくなってしまいました。

解説・帰依

国語辞典によると、帰依《きえ》とは信仰《しんこう》により安心して仏に頼《たよ》ることとしてありますが、本当は、善なる心を「信じて、行なう」ことをいうのです。仏教もキリスト教も今日では他力信仰《たりきしんこう》となり拝《おが》めば救われる、祈《いの》れば天国に行けると早《はや》合点《がってん》していますが、欲望のままに生きながら、人が嫌うことをしながら祈っただけで救われれば、こんなうまい話はありません。人間は生まれたその時から、否《いな》、生まれる以前から神の子として生活してきたのですから、まず自分の生活を正す必要があります。生活を正さないで、やりたいことをして経文《きょうもん》を唱《とな》えても心の安心は得られません。釈迦の時代の帰依することとは、仏を信じ、法にそった心と生活を行ない、皆んなと平和な生活を送ることをいいました。それがいつの間にか、仏に頼ることになってしまったのです。

魔王の家来たちは、
一人、二人と、
消えてゆきます。
いばっていた魔王も、
ついにはシッタルダーに、
手をあわせ、改心して、
消えてゆきました。
魔王と対決した
シッタルダーの心は、
いよいよ天上界《てんじょうかい》に、
ちかづいてゆきました。
反省の、禅定をして、
ちょうど七日目です。

瞑想をしていると、自分の体が、だんだん大きくなってゆきます。

ピパラの大木をこえて、ガヤ・ダナが、眼下《がんか》に見えてきました。

そのうちに、だんだん地上が、遠くなってゆき、地球が小さくなってきます。

暁《あけ》の明星《みょうじょう》が、あしもとに、小さくうかんでいきました。

大宇宙が、シッタルダーの、心のなかで、いきづいてきました。

すべてが、心のなかで、動きはじめ、生きるものの、呼吸が、つたわってくるのでした。

宇宙は、自分でした。痛いとか、かゆいとか、熱い、寒いなど、感じる体の自分が、自分だと思っていましたが、それはまちがいでした。

体は、地上生活を送る、舟でした。

ほんとうの自分は、宇宙と同じに、広く、大きなものでした。

広く大きな心を魂ともいいます。

人間は魂と肉体を合わせ持って生きていますので、肉体が自分と思い込んでしまい、自分中心の生活を送り、苦悩をつくってしまいます。

大宇宙が自分であれば、おそろしいことはありません。

ひろい心、慈悲の心、愛の心、こうしたのびのびとした気持で、生活すれば、地上は天国になります。

シッタルダーは、六年の修行のすえ、やっと、このことがわかりました。

正しい生活

この世の中は、すべてが二つの
組み合せからできています。
天と地、昼と夜、
男と女、善と悪。
どちらに片寄っても、
地上の生活は、なりたちません。
二つの組み合せが、
たがいに、調和され、
たすけ合っているから生命が育ち、
生きてゆけます。

苦の歩《あゆ》みをすてて、まんなかの道（中道《ちゅうどう》）を歩くことを、大自然が教えています。

中道こそ、人間の正しい、生き方なのです。

中道の、みちしるべが、八正道です。

シッタルダーが、瞑想すると、八つのみち（八正道）が、心のなかからうかんできました。

一、正しく　みる（正見《しょうけん》）
一、正しく　おもう（正思《しょうし》）
一、正しく　かたる（正語《しょうご》）
一、正しく　しごとをする（正業《しょうぎょう》）
一、正しく　せいかつする（正命《しょうみょう》）
一、正しく　みちに　しょうじんする（正進《しょうじん》）
一、正しく　ねんずる（正念《しょうねん》）
一、正しく　じょうにはいる（正定《しょうじょう》）

いままで、考えつづけてきた、生老病死《しょうろうびょうし》の苦しみは、八正道のみちしるべによって、やすらぎにかわり、ほんとうの、人間の姿に生まれかわることができると、わかってきたのでした。

一、正しく　みる（正見《しょうけん》）

ものを正しく見るには、わが身をつねって、人のいたさを知ることです。

あいてのたちばを考え、自分を見ることからはじまります。自分中心にして、ものを見ると、片寄った考えや、我欲《がよく》がでて、正しい判断《はんだん》ができません。あらそいの、ひだねは、すべて、片寄った考えかたから、おこります。

一、正しく　おもう（正思《しょうし》）

正しくない思いかたは、いかり、ぐち、そねみ、どくぜん、足ることを知《し》らぬ欲望から、生まれます。

学校の、入学試験で、友だちが合格し、自分がおちたりすると、いかりやぐち、そねみの思いがわいてきます。

こうした心をもちつづけると、病気、さいなん、あらそいを生み、人や自分がいやになってきます。

心は、いつもあかるく、自由に、公平に、試験におちた原因を、しずかに省《かえり》みて、なんでおちたか、反省することが大事なことです。

正しい思いは、ゆったりとした、よゆうのある、片寄らない、心から生まれます。

一、正しく　かたる（正語《しょうご》）

心はいつも平静《へいせい》でなければなりません。いばったり、おそれたり、さわいだり、たかぶったりしていると、話すことばも、すなおに伝わりません。

言葉は、ものごとの考えや、意志をつたえる、大事なやくめをし、こちらの気持が、正しく伝わらないと、ごかい、不信《ふしん》、うらみをかったりします。

正しい言葉は、おさなごのような、すなおな、くったくのない心しかありません。

一、正しく　しごとをする（正業《しょうぎょう》）

仕事の目的は、心をひらき、たましいを、ゆたかにすることです。社会の調和をはかり、奉仕《ほうし》の喜びを感謝することです。

この世の中は、一人では生きられません。みんなが、輪になり、たすけあい、おぎないあい、ゆるしあって、生きています。人のものをよこどりし、悲しませたりすると、自分もそうされます。

世の中の混乱《こんらん》は、人はどうでも、自分さえよければという、考えからきています。

仕事は、おかねもうけのためにあるのではありません。仕事は、さまざまな人生の、けいけんをつむためであり、苦楽《くらく》を学んでいく、だいじな修行場《しゅぎょうば》です。

みんなが輪になり、心を一つにすれば、世界は平和になります。

人生のありかたと、仕事の目的を、しっかり、身につけましょう。

一、正しく　せいかつする（正命《しょうみょう》）

正しい生活は、長所をのばし、短所をなおすことです。

たんき、わがまま、ひとりよがり、でしゃばり、ひっこみじあん、がんこ、あきやすい、きまぐれ、ぐず、きどり、うそつき。

人には、いろいろな欠点があります。

欠点を放《ほう》っておくと、人にきらわれ、孤独《こどく》になります。

欠点は、自己本位《じこほんい》が原因《げんいん》です。正しい生活をするには、つねに反省をし、自己中心からはなれて、ものに片寄らない、生活をすることです。

一、正しく　しょうじんする（正進《しょうじん》）

ひとの道は、慈悲の心と、愛の行為《こうい》です。わたしたちは、両親の愛、兄弟の協力、隣人、友人のたすけあいのなかで、生活しています。

両親をうやまい、兄弟仲良《なかよ》く、隣りきんじょを、大切にすることは、感謝のあらわれです。感謝報恩《ほうおん》のない人は、亡《ほろ》びます。

わたくしたちは、魂を磨《みが》くために、生まれてきたのですから、こうした、協力者に、感謝しながら、たすけあって、いかなければなりません。

大自然《だいしぜん》は、調和しています。心は、いつもそれにあわせ、生かされているめぐみに、報恩をもって、こたえましょう。

人をわるくいうまえに、自分を、見ましょう。ふへい、ふまんは、神様の慈悲と無限《むげん》のめぐみを、忘れた心です。

一、正しく　ねんずる（正念《しょうねん》）

この世の中は、人の念《ねん》によって、できています。あれがほしい、こうもしたいという心が、いろいろなものを、つくりだしています。

世の中には、人々に役だつものもあれば、ほろぼすものもあります。

正しい念は、人にやくだつものです。それには、神さまに、心をあわせ、祈る心を忘れず、欲望を、つのらせてはなりません。

いつも中道《ちゅうどう》の心をわすれず、正しく、生きることです。

一、正しく　じょうにはいる（正定《しょうじょう》）

正しい反省は、心を高め、神様に通じます。

今日一日の生活をふりかえり、友達や両親、兄弟たちを、困らせたりは、しなかったか。もし、困らせたり、自分だけ楽をしていたとすれば、そうした心は、どうして生《しょう》じてきたか。反省は、こうした心の動き、行ないについて、右にも、左にも、片寄らない慈悲と愛の、神の物差《ものさ》しをもって、自分をながめることなのです。

そうして、今日一日、正しく見たか、
正しく思ったか、正しく語ったか、
ということを反省してゆきます。
誤《あやま》りがあれば、神さまにわび、
二度とくりかえさぬことです。
反省は、心をきれいにし、
きれいな心で生活することです。

シッタルダーは、八正道の物差しをもって、
自分の心をみつめていきました。

反省がすすむにしたがって、
今まで正しいと思っていたことが、

自己本位で、見たり、思ったり、
生活していたことが分《わ》かり、
三十六年間の、積《つも》り積ったアカの大きさに、
あらためて、おどろきを覚《おぼ》えるのでした。

しかし、反省によって、
心の中のアカが、すっかり洗い落され、
身も、心も、
本当に軽くなっていきました。

光の大天使あらわる

シッタルダーは、悟《さと》りました。
心はかるく、自由でした。
くる日も、くる日も、たのしく、
やすらぎの生活がつづきました。
　しかし、シッタルダーに、
いちまつの、不安がありました。
　それは、今のこの気持を、
人に伝えることが
できるかどうか、
ということでした。
人に話して、
わかってもらえない
とすれば、
この気持をもったままで、
天国にゆきたいと、
思いました。

二十一日目の、夜のことです。

禅定していると、きゅうに、周囲が光で満《み》たされてきました。まばゆい光のなかに、アモンと呼ばれる梵天が立っていました。白い着物をきて、やせがたの、慈愛にみちた、やさしい顔立《かおだ》ちをしています。

アモンのりょうわきには、クラリオという大天使、そしてモーゼという偉大な光の大指《だいし》導霊《どうれい》もたっていました。

「死んではならぬ。たとえお前が、死んでも、地上界に、ふたたび、もどしてしまう。お前は、なにを悟ったのか。お前がおおくの人々を救わなくて、誰がするのだ。人々は、苦しみ、悩んでいる。お前の悟りを、人々に伝えるのだ。人々の心に、正法《しょうほう》という、法灯《ほうとう》をともすのだ。おまえは、約束《やくそく》したではないか。わたくしたちと約束し、人々を救ってくると言ったのはだれか……」

アモンの言葉はきびしく、いっさいの、あまえをゆるしませんでした。しかし、アモンの言葉は、慈愛にあふれ、きびしさのなかにも、あたたかさが、伝わってくるのでした。

シッタルダーは、ただうなだれ、聞いていましたが、ややあってから、

「わかりました、やってみます……」

と、こたえました。

アモンはうなずき、ほほえみました。

「ありがとう。それでこそ、あなたは偉大な指導霊なのだ。思いだしてほしい。わたしはアモンという、あなたの友達だ。わたしが地上にでればあなたが、あなたが地上にでれば、わたしが守ってきました。これからは、あなたがわたしを呼びさえすればいつでもそばに

きて、力をかします。しっかり、やってください」

アモンをはじめ、三人の梵天は、シッタルダーの前から、しずかに消えてゆきました。梵天《ぼんてん》が消えたあと、シッタルダーはたきびに、薪《まき》をくべ、アモンたちのことを考えました。

アモンがいうように、自分もかつては、梵天界で生活をしたのだろうかと。できれば、そこへ、いってみたい気持になりました。

たきびの前で、ふたたび瞑想すると、体が動きだし、肉体から、自分がぬけだしてきました。しばらくすると、光のドームのなかを、ものすごいスピードで上にあがってゆきます。

どんどんあがって、あるところへきますと、周囲がグリーン一色《いっしょく》になり、美しい広場にでました。

シッタルダーはしばらくその美しさに、みとれていました。地上のどんな景色よりも、いきいきと息づいているのです。

なにか、みおぼえのあるところです。しばらくすると、シッタルダーの、周囲に、美しい何人《なんにん》かの人が立っています。

シッタルダーが案内されていくと、何千人という人たちが、集まっている集会場に、きていました。そこには、さまざまな服装をした、世界中の、人たちの顔がみえます。アモンやモーゼが、笑って迎えてくれました。よく見ると、みんな懐《なつか》しい人たちばかりです。

おおぜいの人たちは、シッタルダーを、天上界に招《まね》き、シッタルダーの話を、聞くため

解説・観自在力《かんじざいりき》

観自在力とは文字通り、ものを見ることが自由自在ということです。通常は物を見るのは肉体の眼を通《とお》してですが、このほか心眼《しんがん》というのがあって、心の眼が開くと、物の裏《うら》側《がわ》、つまり、物の真実《しんじつ》、物を形作《かたちづく》っている本当の実在《じつざい》が見えることです。その能力《のうりょく》を古代インド語でアボロキティ・シュバラーといいます。釈迦、イエスという人はこうした観自在力を具《そな》えていましたから、人の過去世、現世、来世を見《み》通《とお》すことが出来、現象界のさまざまな動きに、心を乱《みだ》すことがありませんでした。通常《つうじょう》、心眼《しんがん》といわれるものは、慈悲、愛、の心が広くなり、過去世の修行の仕方、今生《こんじょう》の役割によって備《そな》わります。しかしそうした能力は釈迦をして最高の力を発揮《はっき》したので釈迦をブッタといいました。般若心経《はんにゃしんぎょう》の観自在菩薩《かんじざいぼさつ》とは釈迦を指《さ》していうのもそのためです。

に集まったのでした。

シッタルダーは、三十六年ぶりに、梵天界で、話をしました。話の内容は、

「縁生《えんしょう》――」と題《だい》するものでした。

それは、人類の、苦しみの歴史と、苦楽《くらく》をこえる正道《しょうどう》についてでありました。

約一時間にわたる話は、天上界の人々に、大きな、かんめいを与えました。

感激《かんげき》の拍手《はくしゅ》が、いつまでも、梵天界の空に鳴りひびいていました。

シッタルダーの悟りは、ここにようやく、不動《ふどう》のものとなりました。

過去・現在・未来を、みとおす力、人の心を、すぐさまみやぶる観自在力《かんじざいりき》も、そなわりました。

六年間の苦行《くぎょう》は、悟りのきっかけにはなっても、肉体をいじめては、ほんとうの悟りは、得られないことが、わかりました。

心のやすらぎは、八正道をみちしるべに、正法にかなった心と、それを行《おこ》なう、生活しかないのでありました。

シッタルダーは、このことを自分自身で、経験し、悟り、さらに、人々に中道《ちゅうどう》の心と、行ないを示してゆくことになったのです。

かくして、シッタルダーは念願通《ねんがんどお》り、ブッタ（仏陀）となり、人類の偉大な師となって、人類救済《じんるいきゅうさい》の歩みを、はじめることになりました。

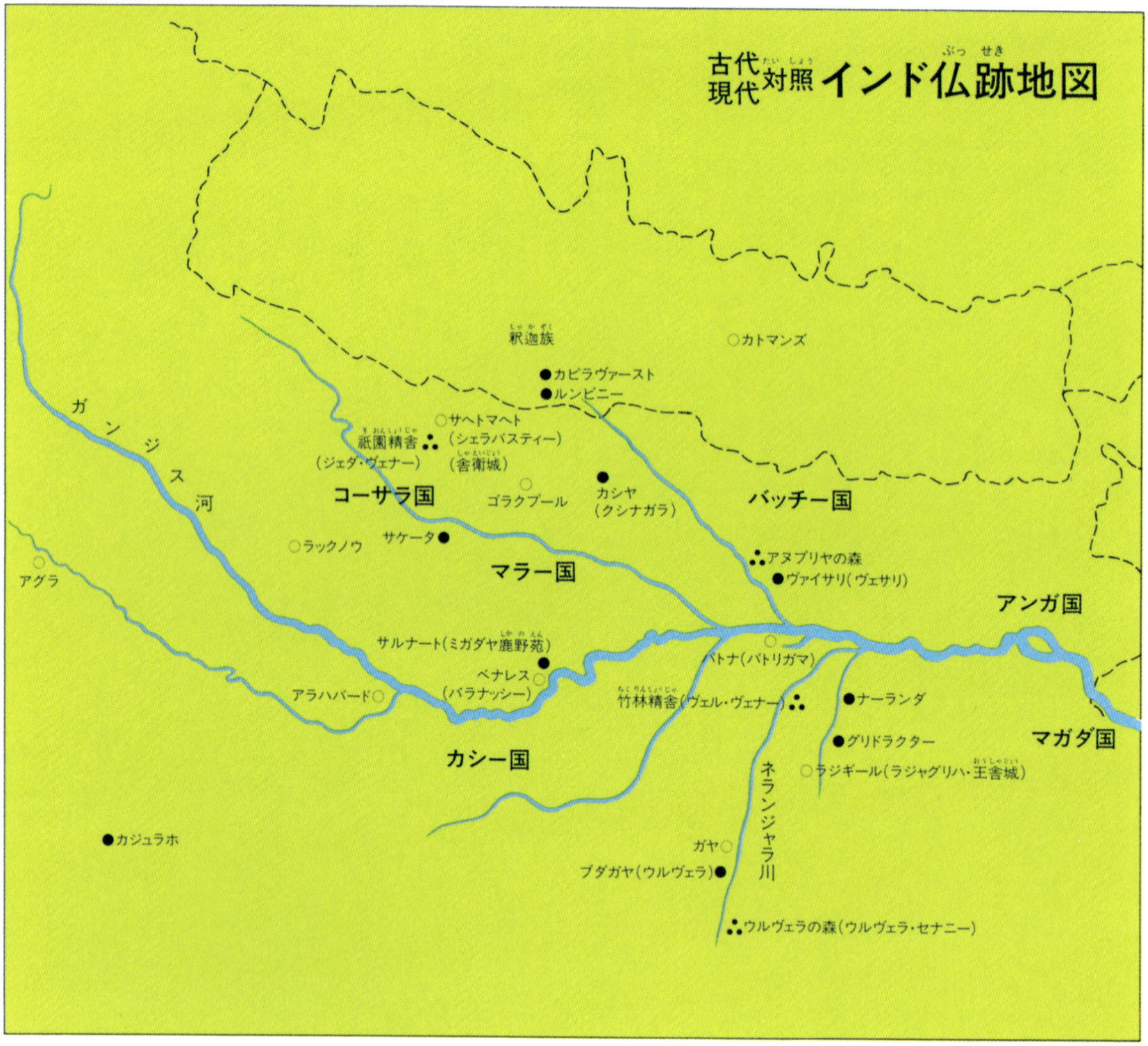

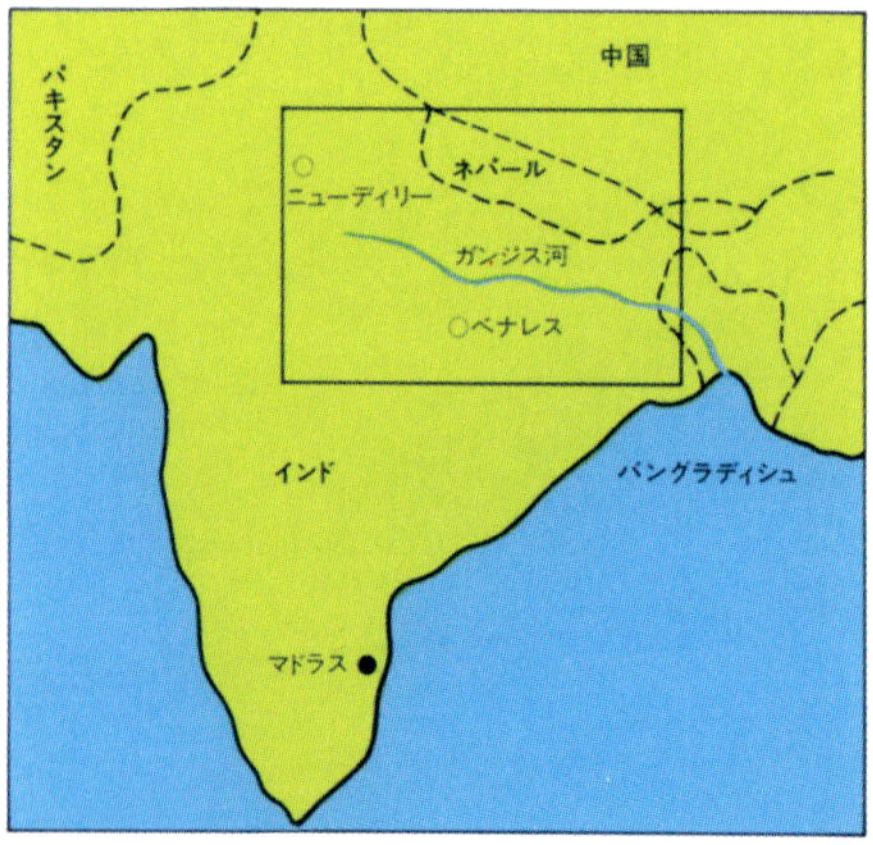

-----------	現在の国境
カシー国	古代の国名
○	都市
●	仏跡のある町
∴	仏跡

※注（　　）内は古代の地名

あとがき

釈迦の物語は非常に多いようです。仏教書《ぶっきょうしょ》をはじめ小説、絵本、参考書籍等《さんこうしょせきとう》、各種にわたって出版されています。しかし、さきに三宝出版《さんぽうしゅっぱん》より出版された「人間釈迦」第一巻—偉大なる悟り—は、こうした多くの出版物にも拘《かか》らず、ゴーダマ・シッタルダーの人間性と出家までの苦《く》悩《のう》、六年間の苦斗《くとう》の歴史についてこれほど克明《こくめい》に記述《きじゅつ》したものは少ないと自負《じふ》しています。さらに、シッタルダーがブッタとなり自由自在な心を悟り、法の実践者《じっせんしゃ》として慈悲《じひ》の心を涌現《ゆげん》し、想像《そうぞう》を超《こ》えた実在《じつざい》の世界との交流《こうりゅう》を成し遂《と》げ得《え》た叙述《じょじゅつ》は本書の特色《とくしょく》といってもよいでしょう。

本誌《ほんし》・童話「天と地のかけ橋」は、これをもとにして、難解《なんかい》な悟りの中身《なかみ》を出来るだけ分り易《やす》く描《えが》きました。童話ですから、小・中学生を対象《たいしょう》に描きましたが、大人が見られても参考になろうかと思います。本誌出版の趣旨《しゅし》は若年者を対象にまとめたものですが、仏教（正法）はむずかしいという一般読者《いっぱんどくしゃ》の声をきき、どなたが見られても理解《りかい》出来るようにまとめました。そのため、通常《つうじょう》の童話と異《こと》なり、文章が幾分難解《いくぶんなんかい》なところもあり、若年者にはむずかしくなっています。大人が読まれ、むずかしい部分を補足《はそく》して欲《ほ》しいと思います。

本誌を見て、私達にとって、いちばん大事な点は、正法の骨格《こっかく》を為《な》す八正道です。八正道の目的は中道という大自然の調和された姿を文字で示したものであり、調和の心が八正道であるということです。大自然は私達に生活しやすい環境《かんきょう》と、相互扶助《そうごふじょ》の調和という目的を無言《むごん》のうちに示しています。私達の苦しみ悲しみは、すべて慈悲、愛の心から離《はな》れた生活行為《せいかつこうい》のためです。自分を救《すく》い、心の安らぎを得るには八正道にもとづいた人間らしい生活をすることです。インド時代の釈迦は、それを教えました。

どうぞ本誌の中心は八正道なので、これを生活の中に生かしていただきたい。

八正道を実践《じっせん》するに当ってもう一つ大事な点は、ややもすると八正道の文字にとらわれることです。文字に忠実になろうとすると、毎日の生活行為が息苦《いきぐる》しく、自由な心をかえってしばりつけてしまうことにもなりますので、何事《なにごと》も中道ということを忘れず、心を大きく、のびのびと、それでいて正しい自分に偽《いつわ》りのない生活を続けてもらいたいものです。

昭和四十九年五月吉日

高《たか》橋《はし》信《しん》次《じ》

釈迦物語　天と地のかけ橋
1980年9月1日　改定版第1刷発行
2025年3月3日　第16刷発行
高橋信次／文　蓬田やすひろ／画
今井宏明／装幀
発行者　田中圭樹
発行所　三宝出版株式会社
〒111-0034　東京都台東区雷門 2-3-10
電話　03-5828-0600
https://www.sampoh.co.jp/
印刷所　TOPPAN株式会社
ISBN978-4-87928-149-4

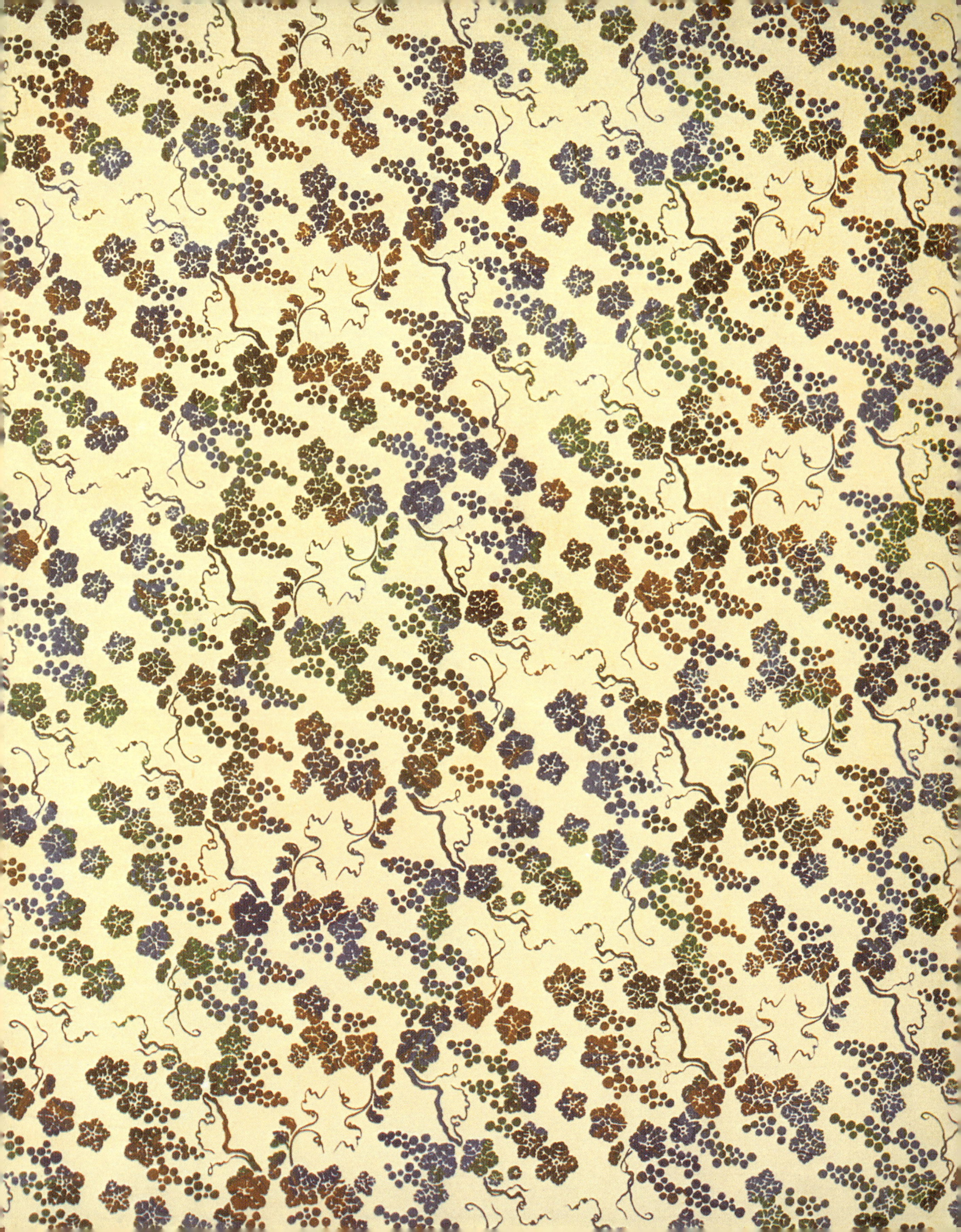